ALCANZANDO LAS ESTRELLAS

# DURMIENDO EN EL ESPACIO

Tracie Santos

Traducción de Santiago Ochoa

# CONEXIONES de la ESCUELA a la CASA
### de ROURKE
## ANTES Y DURANTE LAS ACTIVIDADES DE LECTURA

### Antes de leer: *Construir los conocimientos previos y el vocabulario*

Los conocimientos previos pueden ayudar a los estudiantes a procesar nueva información y a basarse en lo que ya saben. Antes de leer un libro, es importante aprovechar lo que los estudiantes ya saben sobre el tema. Esto los ayudará a desarrollar su vocabulario y a aumentar su comprensión lectora.

### Preguntas y actividades para reforzar los conocimientos previos:

1. Mira la portada del libro y lee el título. ¿De qué crees que tratará este libro?
2. ¿Qué sabes ya sobre este tema?
3. Recorre el libro y hojea las páginas. Mira el índice, las fotografías, los pies de foto y las palabras en negrita. ¿Te han dado estas características del texto alguna información o algún adelanto sobre lo que vas a leer en este libro?

### Vocabulario: *El vocabulario es clave para la comprensión lectora*

Utilice las siguientes instrucciones para iniciar una conversación sobre cada palabra.

- Lee las palabras del vocabulario.
- ¿Qué se te viene a la mente cuando ves cada palabra?
- ¿Qué crees que significa cada palabra?

**Palabras del vocabulario:**
- cosmonauta
- fuerza g
- módulos
- orbitan
- purificación
- resistentes

### Durante la lectura: *Leer para entender y comprender*

Para lograr una comprensión profunda de un libro, se anima a los estudiantes a utilizar estrategias de lectura detallada. Durante la lectura, es importante que los estudiantes hagan una pausa y creen conexiones. Estas conexiones dan lugar a un análisis y una comprensión más profundos del libro.

### Lectura detallada de un texto

Durante la lectura, pida a los estudiantes que hagan una pausa para hablar de los siguientes aspectos:
- Las partes confusas.
- Las palabras desconocidas.
- Las conexiones dentro del texto, entre el texto y uno mismo y entre el texto y el mundo.
- La idea principal de cada capítulo o título.

Anime a los estudiantes a utilizar pistas contextuales para determinar el significado de las palabras desconocidas. Estas estrategias ayudarán a los estudiantes a aprender a analizar el texto con más detenimiento mientras leen.

Cuando termine de leer este libro, vaya a la penúltima página, donde encontrará las **Preguntas después de la lectura** y una **Actividad**.

# ÍNDICE

A las estrellas ..................................................... 4
Solucionando problemas espaciales ..................................................... 10
Un trabajo en el espacio ........................... 22
Diagrama de la Estación Espacial Internacional ................................................. 30
Índice analítico ............................................... 31
Preguntas después de la lectura .......... 31
Actividad .......................................................... 31
Sobre la autora ............................................. 32

# A LAS ESTRELLAS

En 1961, el **cosmonauta** Yuri Gagarin fue el primer ser humano en viajar al espacio exterior. Permaneció 108 minutos en el espacio antes de regresar a la Tierra. Desde entonces, los astronautas han seguido haciendo realidad sus sueños espaciales. Muchos científicos e ingenieros han trabajado duro para llevarlos hasta allá.

**cosmonauta:** Astronauta de un programa espacial ruso o de la Unión Soviética; en griego, *kosmos* significa «universo» y *nautes* «marinero».

Yuri Gagarin dio una vuelta a la Tierra y alcanzó una altura de 203 millas (327 kilómetros).

La Administración Nacional de la Aeronáutica y del Espacio (NASA) utilizó **módulos** de mando y transbordadores espaciales para enviar seres humanos al espacio. Pero después de 2011, la NASA ha dependido de países como Rusia para llegar allá.

Ahora, los astronautas tienen aún más oportunidades de explorar el espacio, pues hay empresas privadas de viajes espaciales que ya se están preparando para despegar.

**módulos:** Piezas de una nave espacial que pueden separarse y utilizarse por sí solas, normalmente para un fin específico.

## Una asociación en el espacio

En 2020, SpaceX, una empresa privada, lanzó al espacio un cohete con cuatro astronautas y provisiones. El cohete recibió el nombre de Falcon 9 en honor a la famosa nave de *Star Wars*, el Halcón Milenario. ¡El Falcon 9 también es reutilizable! Hasta ahora ha sido lanzado 102 veces.

Arriba de nosotros, los astronautas **orbitan** la Tierra al interior de la Estación Espacial Internacional *(EEI)*. ¡Esta nave espacial se ha utilizado desde el año 2000! Durante más de 20 años, astronautas de numerosos países diferentes han compartido los módulos que componen la *EEI* y convivido en ellos. Durante este tiempo, han descubierto las muchas maneras en que vivir en el espacio es diferente de vivir en la Tierra. También han encontrado formas de hacer más fácil la vida en el espacio.

**orbitan:** Que recorren una trayectoria descrita por un objeto que gira alrededor de otro.

### Durmiendo en las estrellas

Desde la década de 1960, astronautas de muchos países han permanecido en el espacio en misiones de larga duración. La misión más larga de un solo hombre la completó el cosmonauta ruso Valeri Polyakov, que estuvo allí 437 días. Los astronautas Jerry Ross y Franklin Chang-Díaz están empatados en el récord de mayor número de viajes al espacio: ¡siete asombrosos lanzamientos!

# SOLUCIONANDO PROBLEMAS ESPACIALES

En los ocho minutos y 42 segundos que dura el lanzamiento al espacio, los astronautas experimentan la **fuerza g**. Algunos astronautas la describen como una sensación aplastante que dificulta la respiración.

Los científicos querían solucionar este problema. En 1966 inventaron un material que distribuía uniformemente el peso del cuerpo y la presión para que los pasajeros estuvieran más cómodos. ¡Es posible que hayas oído hablar de ese material! Se llama espuma con memoria. Es tan cómodo que ahora también se utiliza en los colchones.

**fuerza g:** Fuerza de gravedad o aceleración sobre un cuerpo.

Todas las personas crean suciedad, incluso los astronautas. La suciedad puede ser muy peligrosa dentro de una nave espacial. El agua y otros materiales pueden dañar o descomponer las computadoras. También pueden obstruir los sistemas que llevan aire respirable a la nave.

La estación espacial rusa Mir funcionó durante doce años antes de tener este tipo de problemas técnicos. Cuando los astronautas abrieron un panel para inspeccionarlo, encontraron bolas de agua del tamaño de una pelota de fútbol flotando en su interior. La *EEI* utiliza un sistema de filtros diferente y herramientas, como aspiradoras inalámbricas, para mantener la estación espacial impecable.

La Mir ya no está en el espacio. En 2001, los funcionarios espaciales rusos la retiraron de órbita con una caída controlada en el océano Pacífico.

13

¡No se pueden abrir llaves en el espacio! Entonces, ¿de dónde sacan agua los astronautas para tomar y para bañarse? La reciclan. La **purificación** del agua es otro de los avances que los científicos han conseguido en los viajes espaciales.

La *EEI* recicla el sudor, las moléculas de agua de la respiración e incluso la orina para convertirlas en agua reutilizable. El proceso elimina cualquier grado de contaminación, de modo que el agua es segura.

**purificación:** El proceso de hacer que algo sea puro o limpio.

### ¿Puedes bañarte en el espacio?

Cada gota de agua es importante en el espacio. Los astronautas de la *EEI* se bañan con jabón líquido y champú sin enjuague. Así gastan mucha menos agua que cuando se bañan en la Tierra.

Luchar contra la gravedad terrestre mantiene fuertes nuestros huesos y músculos. Pero en la *EEI* casi no hay gravedad. Los astronautas deben hacer ejercicio durante dos horas diarias para mantener sanos sus huesos y músculos. ¡Por eso la *EEI* tiene un gimnasio! La cinta de correr utiliza cuerdas elásticas y un arnés para mantener a los astronautas en su sitio. También tiene una máquina de levantamiento de pesas que utiliza tubos de vacío. Su uso se siente como si se estuviera levantando pesas en la Tierra.

## ¿Sólo trabajo y nada de diversión? ¡Imposible!

Incluso los astronautas necesitan tiempo para relajarse. Algunos se comunican con personas en la Tierra por teléfono o correo electrónico y escuchan música. ¡Otros componen música! El astronauta canadiense Chris Hadfield estuvo a bordo de la *EEI* en 2013. Aprovechó su tiempo libre para grabar con su guitarra una versión de «Space Oddity», de David Bowie. El video tiene más de 40 millones de visitas.

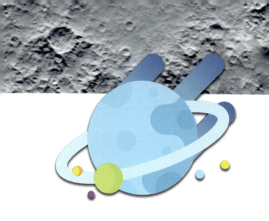

Al igual que en la Tierra, los astronautas necesitan un lugar dónde dormir después de un largo día. Puedes tener un colchón con almohadas y una confortable manta en casa. En el espacio, los astronautas duermen en bolsas de dormir que están sujetas con pinzas o correas para no flotar mientras duermen. Y como en el espacio no hay «arriba» ni «abajo», pueden dormir en cualquier dirección.

Un sueño saludable también significa un patrón de sueño saludable. Si tu patrón de sueño se interrumpe, tu estado de ánimo puede cambiar y dificultarte pensar y moverte. En la Tierra, las personas pueden saber cuándo es hora de dormir y de despertarse según la hora en que sale y se pone el Sol. ¡Pero los astronautas experimentan un amanecer o un atardecer cada 90 minutos! ¿Cómo se aseguran de dormir bien?

Los astronautas pueden utilizar medicamentos y luces azules especiales para dormir. Otra solución es hacer que las naves espaciales sean muy cómodas para que los astronautas puedan relajarse. Los científicos siguen intentando resolver el problema de cómo dormir en el espacio.

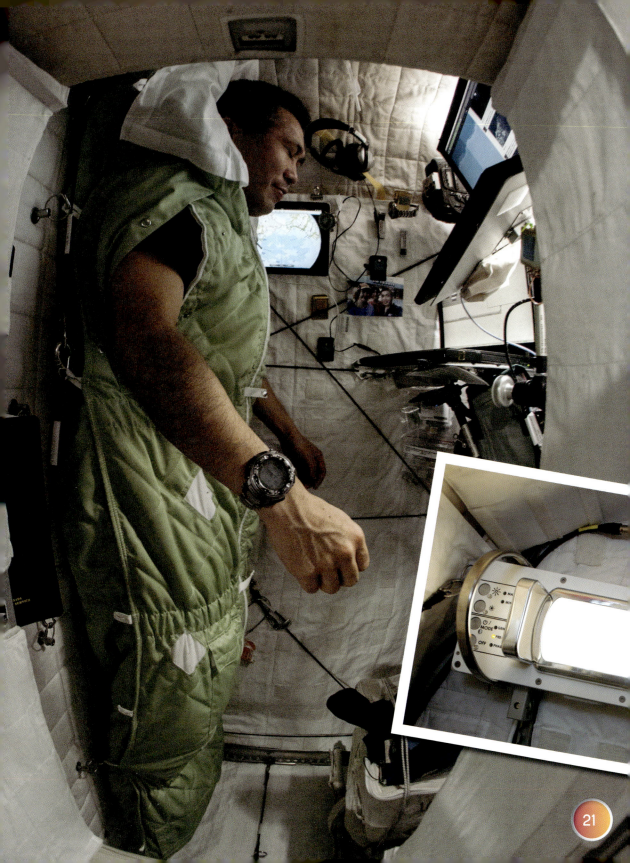

# UN TRABAJO EN EL ESPACIO

No todo es diversión y juegos a bordo de la *EEI*. Estos astronautas están en misiones y tienen un trabajo que hacer. ¡Un día de trabajo en el espacio dura doce horas! Los astronautas tienen que realizar experimentos y recopilar información. Desde que se utiliza la *EEI*, los astronautas han investigado cómo cultivar alimentos en el espacio y los efectos a largo plazo de vivir sin la gravedad de la Tierra. También han estudiado el medio ambiente de la Tierra e incluso cómo tratar afecciones médicas en el espacio.

## ¿Doctora quién?

¡Pues la doctora Mae Jemison! Ella fue la primera mujer afroamericana en ir al espacio. ¿Recuerdas la razón por la que los astronautas tienen que hacer tanto ejercicio? Jemison fue una de las principales investigadoras de experimentos para estudiar los efectos de los vuelos espaciales en las células óseas. El objetivo era entender por qué se debilitan.

No todos los trabajos pueden realizarse desde el interior de una nave espacial. Las reparaciones y algunas investigaciones tienen que hacerse en el espacio. Pero el espacio puede ser muy peligroso. ¿Cómo hacen su trabajo los astronautas? A veces, los robots son de ayuda. Los largos «brazos» robóticos pueden recoger rocas, muestras de polvo y más, para que los astronautas no tengan que salir de la nave.

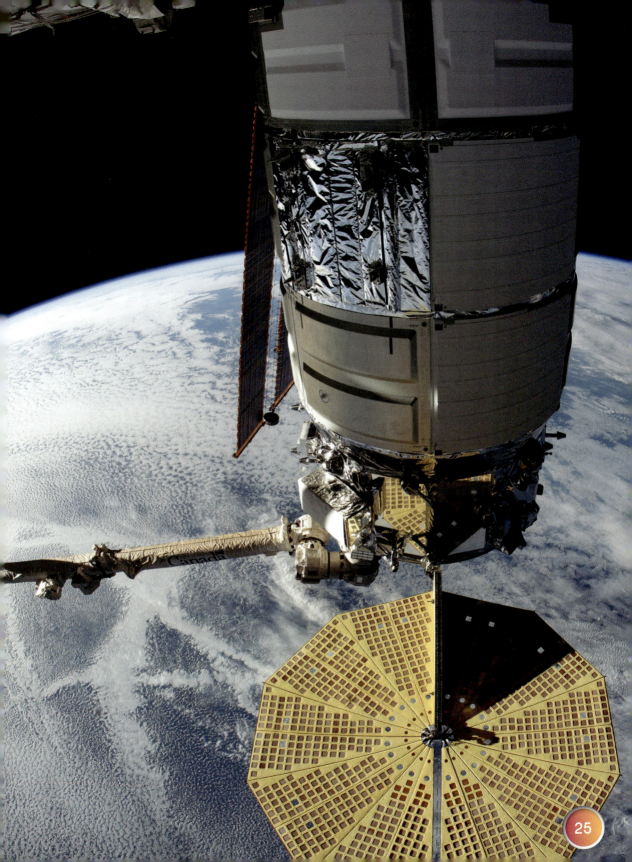

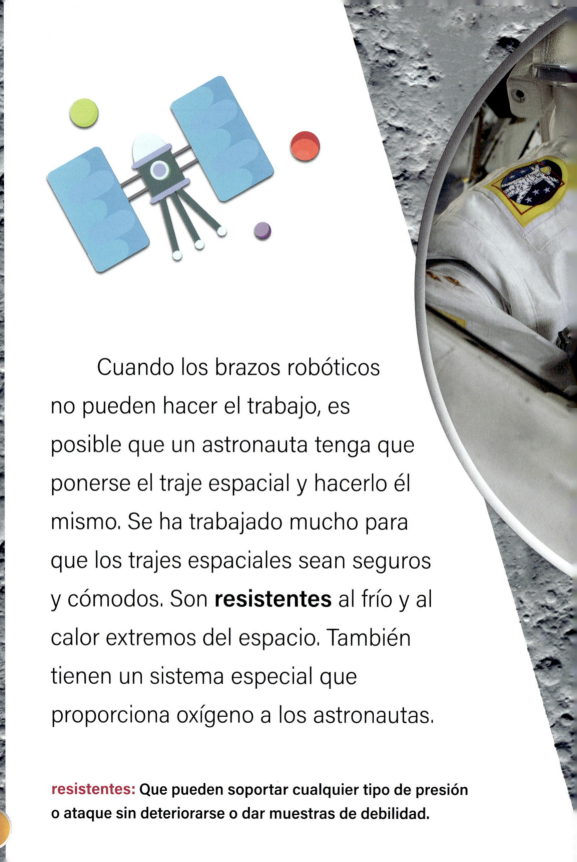

Cuando los brazos robóticos no pueden hacer el trabajo, es posible que un astronauta tenga que ponerse el traje espacial y hacerlo él mismo. Se ha trabajado mucho para que los trajes espaciales sean seguros y cómodos. Son **resistentes** al frío y al calor extremos del espacio. También tienen un sistema especial que proporciona oxígeno a los astronautas.

**resistentes:** Que pueden soportar cualquier tipo de presión o ataque sin deteriorarse o dar muestras de debilidad.

## Moviéndose

Los trajes espaciales pueden pesar más de 280 libras (127 kilogramos). También hacen que sea más difícil moverse. Los astronautas deben estar en buena forma física para poder moverse y seguir haciendo su trabajo.

La vida en el espacio es muy diferente de la vida en la Tierra. Se han inventado muchas cosas increíbles para que los viajes y el trabajo en el espacio sean más seguros y cómodos. Esto se debe a que los humanos han utilizado su imaginación para resolver problemas. ¿Qué soluciones espaciales se te ocurren? Podrías ser la persona que haga el próximo gran invento espacial.

# Diagrama de la Estación Espacial Internacional

Desde febrero de 2021, tres naves espaciales están acopladas a la *EEI*: la SpaceX Crew Dragon y las naves rusas Progress 75 y Soyuz MS-17.

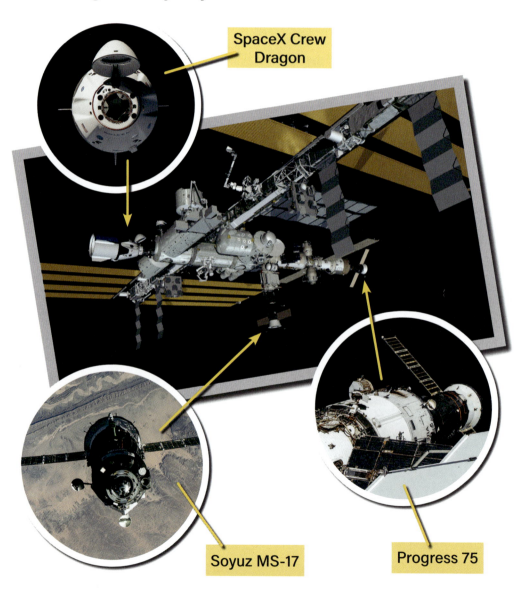

## Índice analítico

Administración Nacional de la Aeronáutica y del Espacio (NASA): 6
espuma con memoria: 10
Estación Espacial Internacional *(EEI)*: 8, 12, 14–17, 22, 30
Gagarin, Yuri: 4, 5
Hadfield, Chris: 17
Jemison, Mae: 23
SpaceX: 7, 30
traje(s) espacial(es): 26, 27

## Preguntas después de la lectura

1. ¿Cómo se bañan los astronautas?
2. ¿Qué material se utiliza para que la fuerza g sea más cómoda?
3. Observa el diagrama de la *EEI* en la página 30. ¿Cómo crees que obtiene electricidad la nave espacial?
4. ¿Quién fue la primera mujer afroamericana en ir al espacio?
5. ¿Por qué hay que limpiar rápidamente la suciedad en el espacio?

## Actividad

Piensa en una actividad cotidiana de tu vida que podría ser difícil en el espacio. Escribe las cosas que la harían difícil. Diseña una solución para que esa actividad sea más segura o más fácil, o ambas cosas, durante un viaje espacial. Haz una maqueta de tu invento utilizando objetos de tu casa.

## Sobre la autora

De niña, a Tracie Santos le encantaba aprender sobre los misterios del espacio. Hoy escribe sobre ciencia y las cosas asombrosas que encontramos en la Tierra y más allá. Le encanta Laika, la perra heroína que fue el primer animal en orbitar la Tierra.

© 2025 Rourke Educational Media

All rights reserved. No part of this book may be reproduced or utilized in any form or by any means, electronic or mechanical including photocopying, recording, or by any information storage and retrieval system without permission in writing from the publisher.

www.rourkebooks.com

PHOTO CREDITS: cover: ©klagyivik/ Getty Images; cover: ©forplayday/ Getty Images; cover: ©LineTale/ Shutterstock.com; pages 4-5: ©mechanick/ Getty Images; pages 4-8, 10-16, 18, 20, 22-24, 26-28, 30-31: ©Helen Field/ Getty Images; page 5: ©NASA; pages 6-7: ©SPACEX/UPI/Newscom; page 7: ©Polaris/Newscom; page 7: ©SPACEX/NASA; pages 8-9: ©Nasa/ZUMA Press/Newscom; pages 10-11: ©SPACEX/NASA; page 11: © Steve Thurow/U.S. Air Force/CNP/Newscom; pages 12-13: ©Elena11/ Shutterstock.com; page 13: ©NASA; pages 14-15: ©Brian Dunbar/NASA; page 15: ©AiWire/Newscom; pages 16-17: ©ESA/Sipa USA/Newscom Special; pages 18-19: ©ESA/Sipa USA/Newscom; page19: ©Nasa/ZUMA Press/Newscom; pages 20-21: © Nasa; page 21: © Nasa; pages 22-23: ©Nasa/ZUMA Press/Newscom; page 23: ©Nasa/ZUMA Press/Newscom; pages 24-25: ©Nasa/ZUMA Press/Newscom; pages 26-27: ©NASA/UPI/Newscom; page 27: ©Andrey Shelepin/Nasa/ZUMA Press/Newscom; pages 28-29: ©Nasa/UPI/Newscom; page 29: ©Nasa/ZUMA Press/Newscom; page 30: ©Nasa/UPI/Newscom; page 30: ©Mark Garcia/Nasa Blogs; page 30: ©Nasa/ZUMA Press/Newscom; page 30: ©Nasa/ZUMA Press/Newscom

Edición de: Madison Capitano
Diseño de los interiores y la portada de: Alison Tracey
Traducción al español: Santiago Ochoa
Edición en español: Base Tres

Library of Congress PCN Data

Durmiendo en el espacio / Tracie Santos
(Alcanzando las estrellas)
ISBN 978-1-73165-943-9 (hard cover)
ISBN 978-1-73165-942-2 (soft cover)
ISBN 978-1-73165-944-6 (e-Book)
ISBN 978-1-73165-945-3 (ePub)
Library of Congress Control Number: 2024951832

Rourke Educational Media
Printed in the United States of America
01-0342511937